U0931989

知出版

Hello ∵

《金魚街的小金魚》是一個關於回憶的故事。但對我來說，這本書不只是一個故事，而是一份心意，一次提醒。希望看完這個故事後，會更珍惜自己身邊所擁有。因為在這個節奏快，講求效率世界入面，我們好容易忽略了身邊重要的人，甚至自己。

書中的主角"魚仔"是一條只有七秒記憶的小金魚。只懂得樂天地活着，但當他找回自己的記憶後，他學懂了恐懼，掛念和珍惜，而令他找回真正的自我。所以無論這些回憶是好還是壞，都是非常珍貴的！

最後，願這個故事能夠陪你渡過一些不容易的時光。

波比字

角色介紹

魚仔

生活在金魚街的金魚，
一直住在膠袋裏。
因為他只有七秒記憶，七秒之後，
一切煩惱、快樂和悲傷都會被清空，
所以對他來說，世界是單純又美好。
直到有一天，膠袋穿了一個小洞，
水一點一滴地流走，
他的記憶竟開始越來越好，
可是生命也漸漸走向盡頭…

小金

小金是魚仔隔壁的鄰居，
性格比較悲觀。
她一直喜歡魚仔，
卻不敢向魚仔表白，
因為她知道魚仔從來都沒有記得過她。
直到有一天，
她發現魚仔的記憶力越來越好，
但原來可以和魚仔相處的時間
也正在倒數中…

這裏…

…是位於香港的金魚街

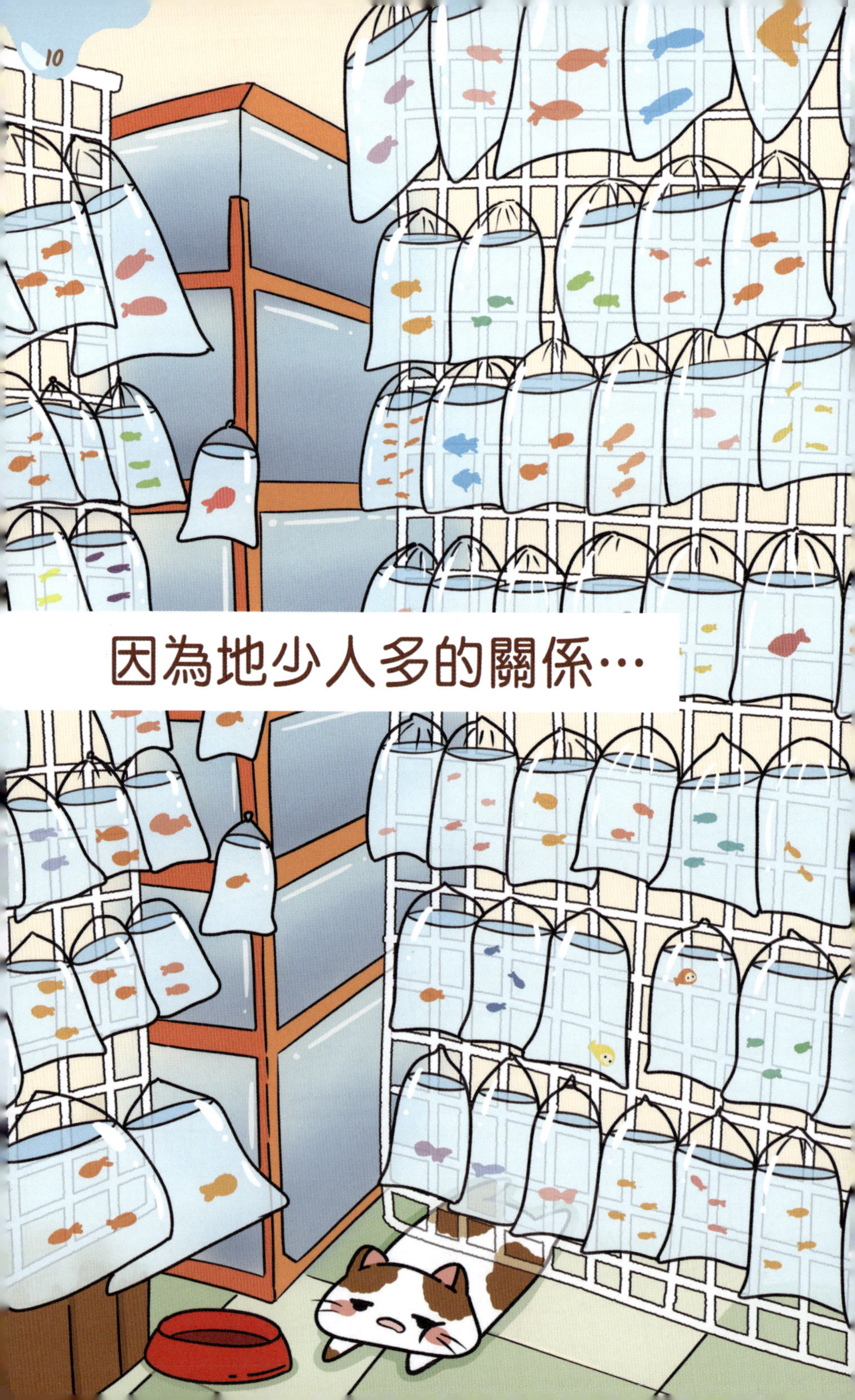
因為地少人多的關係…

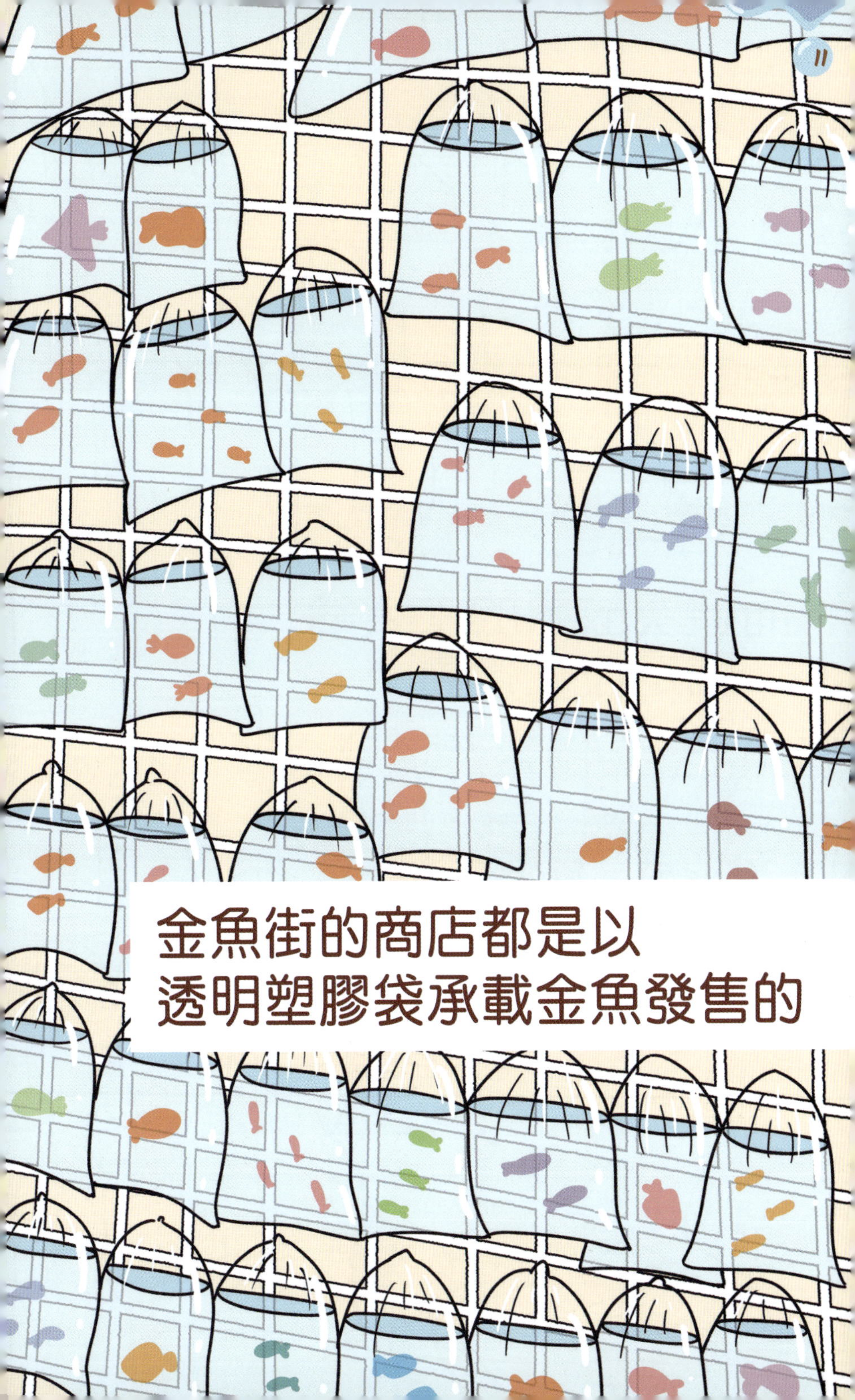
金魚街的商店都是以
透明塑膠袋承載金魚發售的

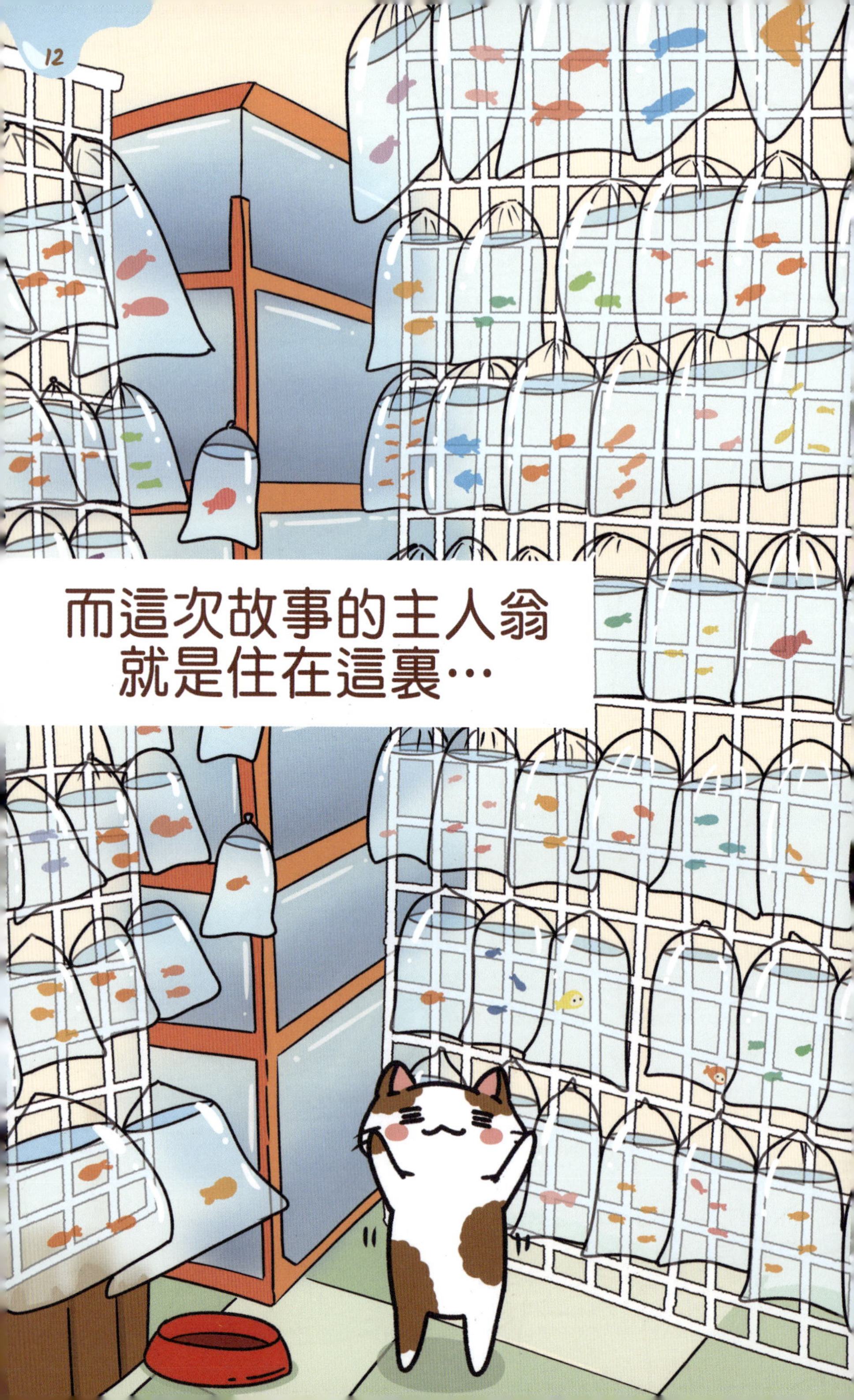
而這次故事的主人翁
就是住在這裏…

沒錯，就在這裏其中一個膠袋中，
你找到了嗎？

Hi

我在這邊啊！

喔！大家好啊！
我的名字叫魚仔

我是在金魚街
生活的金魚

由我有意識以來，我都是
一直在這個塑膠膠袋裏

嗯，這裏空間真的有點小…

但我的記憶力只有七秒鐘，
所以對我來說，
每一個角落都是新的體驗

可是現在我出了一個問題，
就是我的記憶力好像越來越好

自從我住的水袋穿了一個洞後，
我開始記得很多事情了…

事情一開始是這樣的…
剩餘水量：100%

嘩！這裏很大很美啊！

喔！喔！香港的街道五光十色，
真的好熱鬧啊！

這裏有好多人排隊買兩餸飯啊！
我也好想試試呢…

告訴你，雖然住在這小小的塑膠袋，
但這裏的每一個角落都感覺從來沒去過般⋯
是不是跟我的記憶力有關呢？

嗯？是甚麼聲音？

哈囉！貓咪，你在做甚麼啊？
有沒有好好吃飯啊？

喵！
哎！？

貓貓你好壞喔！不可以打我的水袋啊！
知道嗎？我不要跟你玩了！

無論怎樣都好，
我都喜歡這裏，感覺好大啊！

然後…
剩餘水量：95%

哈囉！魚仔

喔！初次見面，
你好啊！

甚麼初次見面！
我是小金啊！
人家一直是你鄰居
已經很久了…
哈哈，是嗎？
對不起！
我的記憶力一直很差

有時候我真的好羨慕你啊！
好像無論甚麼時候都這麼開心呢！

嗯！我覺得每天都過得好充實啊！
難道有甚麼事情令你不開心嗎？

難道你不擔心嗎？如果沒有人來收養我們，
我們餘生都會一直住在這些膠袋裏⋯

哎喲！這不是很蠢嘛！
如果現在為將來的事傷心，
那萬一真的發生時，我們豈不是要傷心兩次？
更何況我們長得那麼可愛，
一定會有好心人來收養我們的！

你這種樂觀心態是很好，
但你的膠袋水量
好像少了點啊！

哎！？有嗎？

然後…
剩餘水量：90%

嗯？感覺怪怪的…

為甚麼水量真的好像少了…

這是哪裏來的孔？

唏！那麼小的孔沒有大礙啦！
不會影響到水量的，沒事沒事！

~滴

喔，這次慘了！

然後…
剩餘水量：80%

怎麼會這樣？為甚麼這種事
會發生在我身上！？

應該好快會有人來救我吧⋯

嗚哇哇！有沒有人啊？救命呀！
這邊有一尾可愛的金魚
需要馬上有人收養喔！

没人啊…怎麼辦？我感到好害怕！
這是由我有意識以來首次感到恐懼…

喔！我想到辦法了！
用手塞住吧…

喔靠
直噴~

然後…
剩餘水量：70%

魚仔，你還好嗎？
喔！小金，我暫時還好…

不得了！這是你第一次
記得我的名字！
嗯！自從我發現
水量一直下降後，
我的記憶好像好了點

那個…我有甚麼
可以幫到你嗎？
……

讓我
抱抱你吧！

我明白你現在
一定很害怕，
但你要堅持啊！
直到有人來救你前，
我都會在這裏陪着你的！
謝謝小金！

然後…
剩餘水量：65%

還沒有人發現袋子在漏水啊…

但我開始發現一件事…

我的記憶力比以前好多了！

我能夠記得這裏的每一個角落

原來我一直生活在這麼小的空間⋯

原來這個世界那麼大…

我要出去！我絕對不可以死在這裏！
我還有許多事情想做，很多地方想去！

然後…
剩餘水量：60%

那個…你有沒有
需要打氣服務？
好啊！

吼！你這個該死的傢伙，
快快停止憂鬱下去！
你不知道自己一直在發光發熱嗎？
你是最棒的！你知道嗎？
最後你一定可以成功的！

好點了嗎？
喔！謝謝！
感覺真的舒暢了

水量越來越少了…
剩餘水量：55%

這次慘了，自從記憶力好了後，
就一直記住現在的處境，完全提不起勁

我正在經歷臨死前的走馬燈效應嗎？

那麼，
我一生中最美好的回憶是甚麼呢？

嗯…讓我想想…

嗯…我想到了…

原來我一生大部分時間都是在這膠袋裏，
根本沒有甚麼特別的回憶

喔…肚子餓了

嗯！？

是誰人送給我吃的？謝謝你喔！

然後…
剩餘水量：50%

喔！
小金你看！
有人送我吃的

你吃飯了嗎？
要不要一起吃啊？
這個…

哎，對呢！
現在暫時
分不到給你呢！
沒關係，
你快點吃吧！

那我先吃一半，
然後留一半給你吧

魚仔你太善良了，
你膠袋的水量一直下降，但還在關心我…

嗯！雖然不知道原因，但我記憶力前所未有那麼好，然後我發現原來我這一生沒有甚麼很好的回憶，我希望…

魚仔，你給我聽着！
你一定可以吉人天相的！
我們會一起離開這裏，
然後我們會一起製造更多回憶！

能夠遇到小金，是我這輩子最幸福的事

然後…
剩餘水量：45%

謝謝你送我糧食！
謝謝你為我打氣！

水量還一直下降呢，
看來我時間無多了

這個好大可能是我
生命結束前的最後晚餐呢！

那我不客氣囉，要開動喲！

呀嗯！

嗯！？

啊！我想起來了！

這是爸爸和媽媽的味道⋯

嗯！是爸爸和媽媽…

爸爸！媽媽！
救我啊！

我…我好掛念你們啊…

然後…
剩餘水量：35%

怎樣你好像
很感動的樣子？
小金！
我剛剛想起了
爸爸媽媽！
我記得他們了！

真希望可以
再見到他們
可是…
水已經越來越少了

不行！
我們不能放棄！
一定還有機會的！
哎！你不要再亂來啦！
我怕你的水袋也會穿

衝衝
小金，別這樣⋯
你會受傷的
撞撞

從前你糊裏糊塗，
還以為每天都好開心，
如今你醒來了！
還會記掛着我⋯⋯

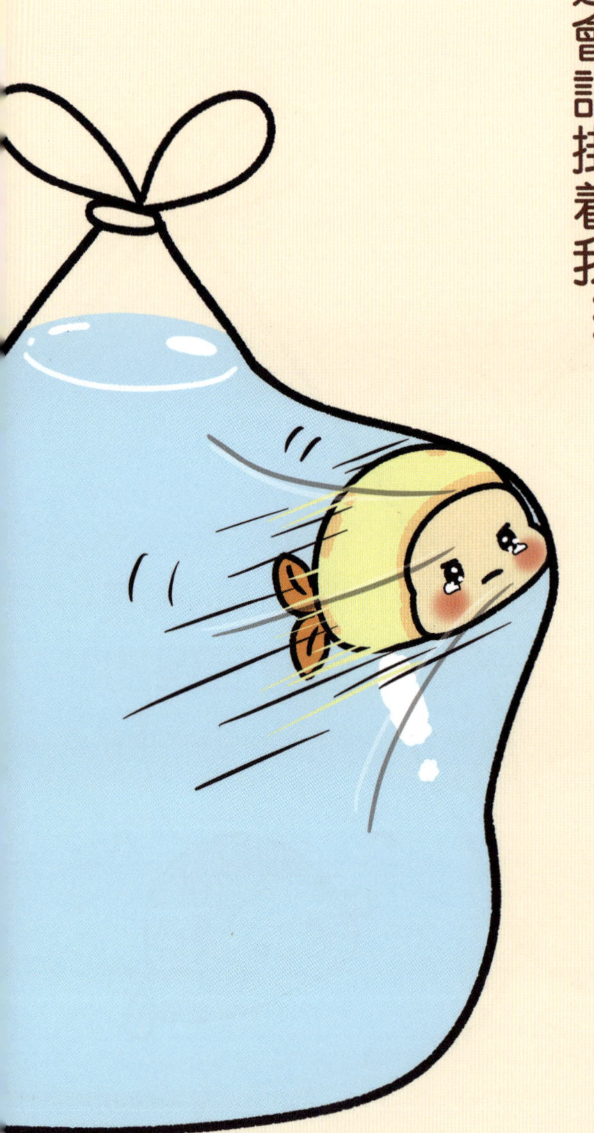

比起受傷，我更害怕失去你，
所以無論如何我一定要用盡力量去救你！

喔！爸爸，
這金黃色的金魚
好活潑！好可愛啊！

魚仔！有人在
看着我們啦！

真的呢！

老闆，可不可以買
這金黃色的魚啊？

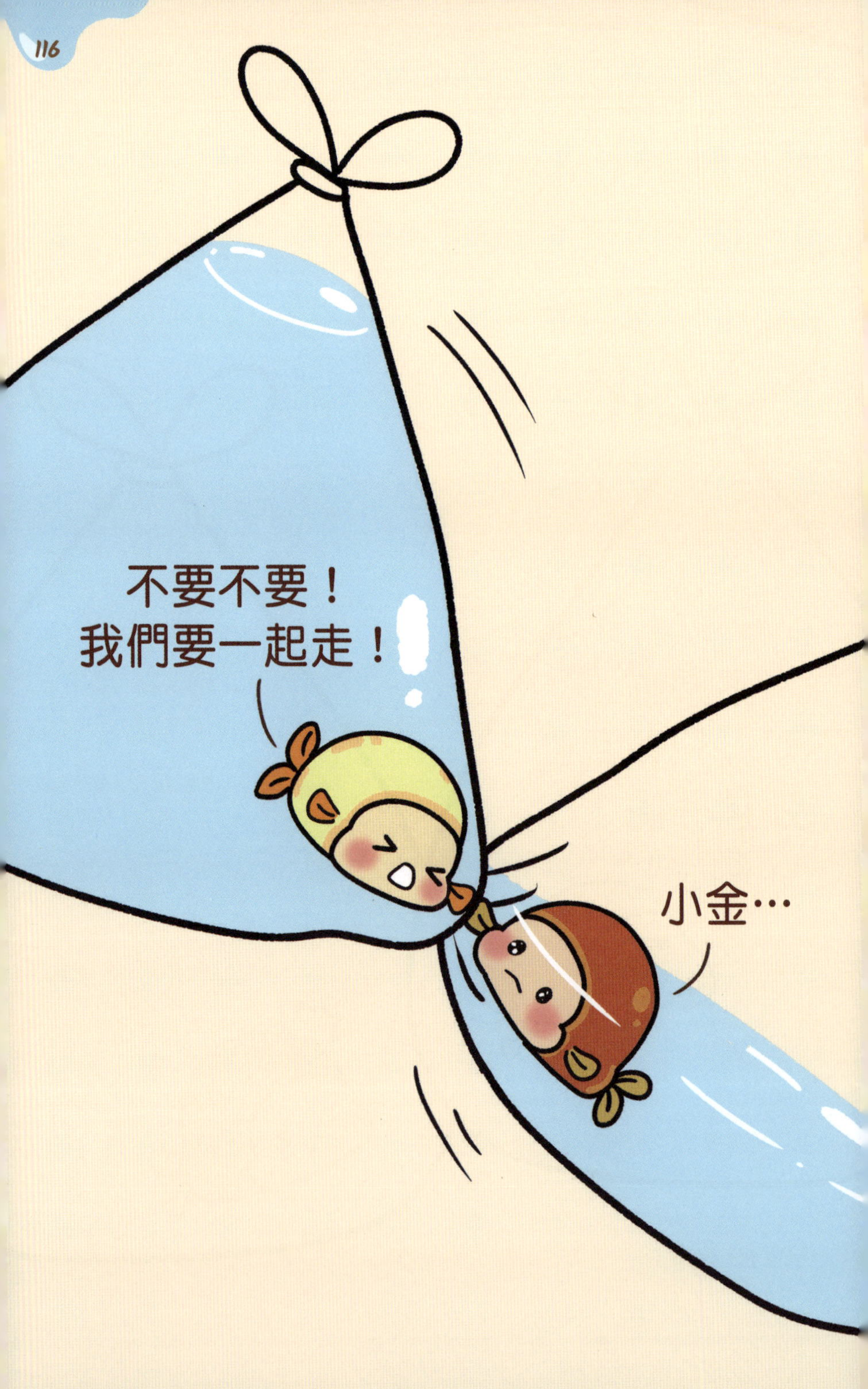
不要不要！
我們要一起走！
小金…

小金…不，不要這樣，真的不要緊的，
你放手吧…
這樣對你才是最好的！終於有主人
疼愛你了，不用再活在膠袋裏。
你要好好生活啊！聽我說，別再擔心我了…
謝謝你，一直陪在我身邊，
給了我活下去的勇氣，這些日子辛苦你了，
真的…已經足夠了…
所以放開我吧！你要活一個精彩的人生！

但我不要…魚仔，我不要丟下你…

鬆開
魚仔！

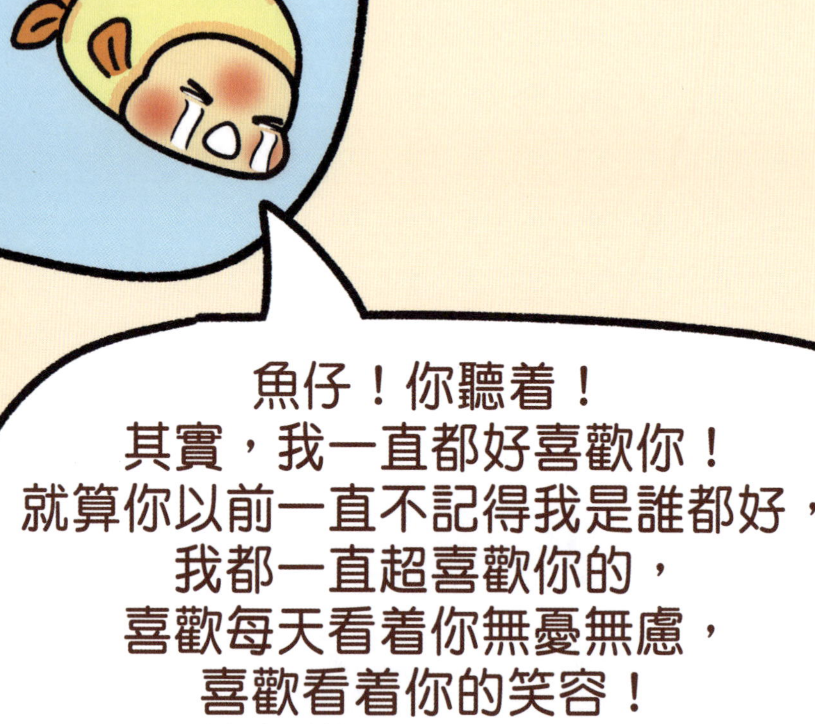
魚仔！你聽着！
其實，我一直都好喜歡你！
就算你以前一直不記得我是誰都好，
我都一直超喜歡你的，
喜歡每天看着你無憂無慮，
喜歡看着你的笑容！
所以不管怎樣…你一定會活下去！
你一定不可以放棄啊！
你這條笨笨魚！

小金…我永遠都不會忘記你的…
我愛你喲！

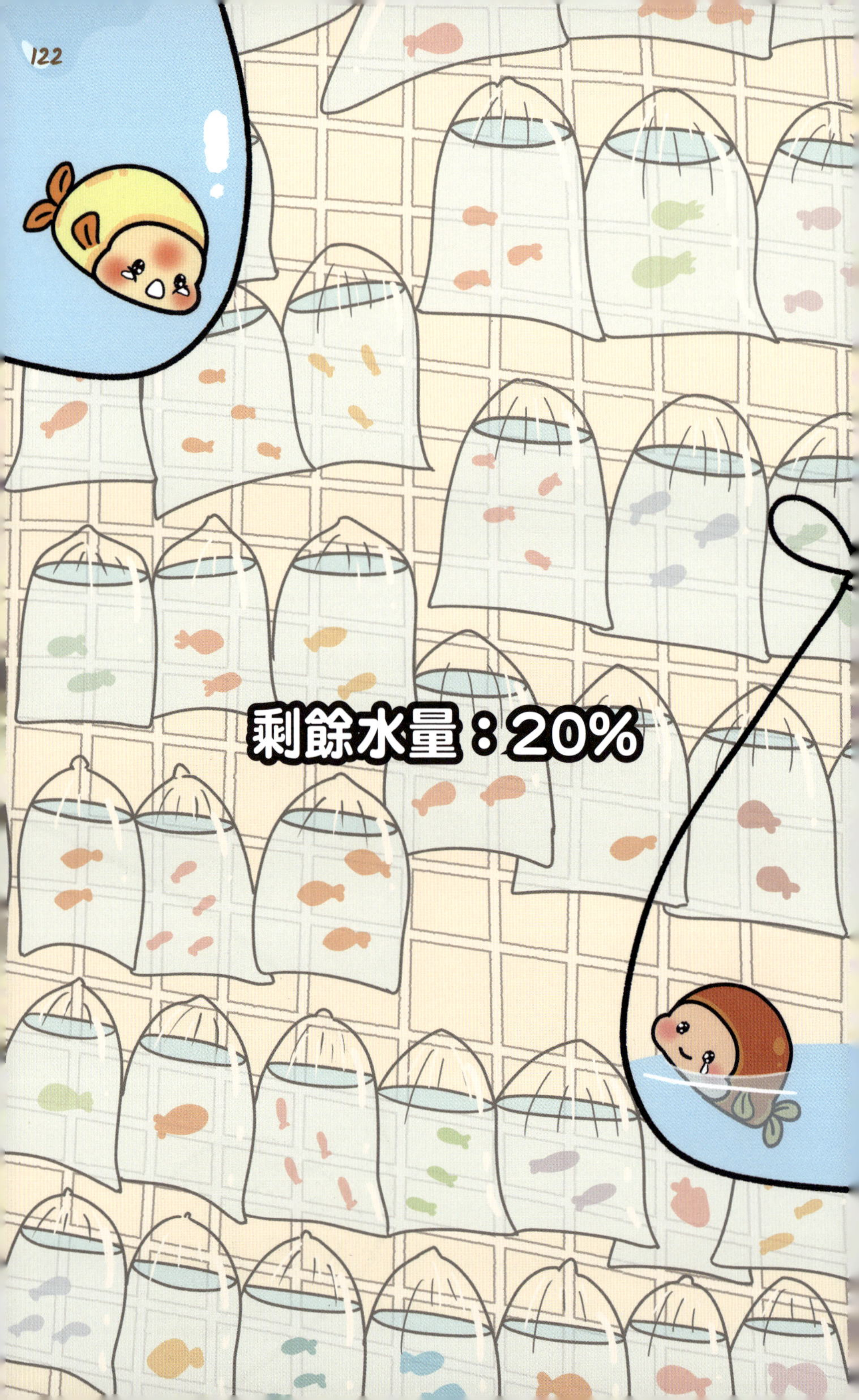
剩餘水量：20%

太好了…小金找到新的主人

我能夠記起爸爸媽媽，
這也實在太好了！

這些珍貴的回憶令我有活着的勇氣，
能夠活着也真的太美好了⋯

但我…好累了…

我要先睡一下，或許這是一個夢，
睡醒後所有事物都會變回原狀…

變回那條只有七秒記憶的小金魚

……

Z
Z
Z
Z

終於…
Z
Z
Z
剩餘水量：10%

嗯？

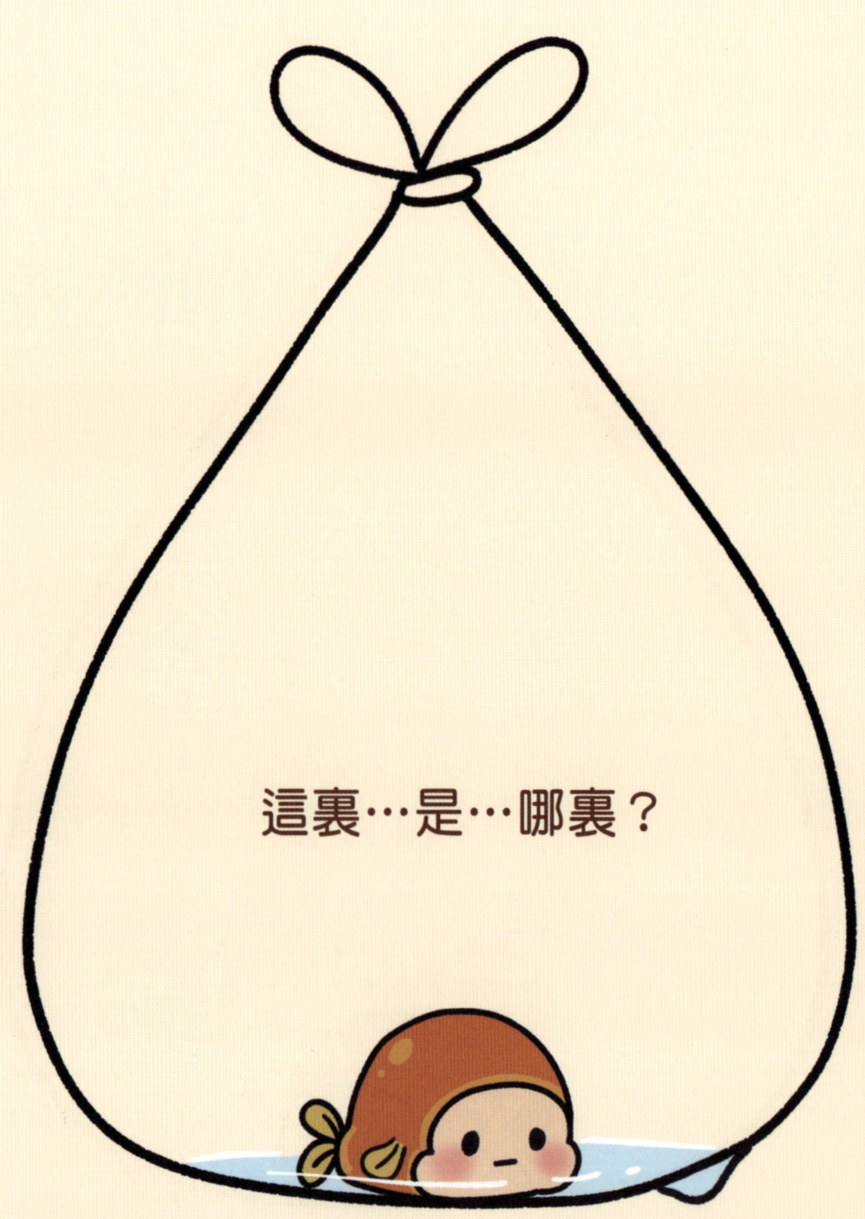
這裏…是…哪裏？

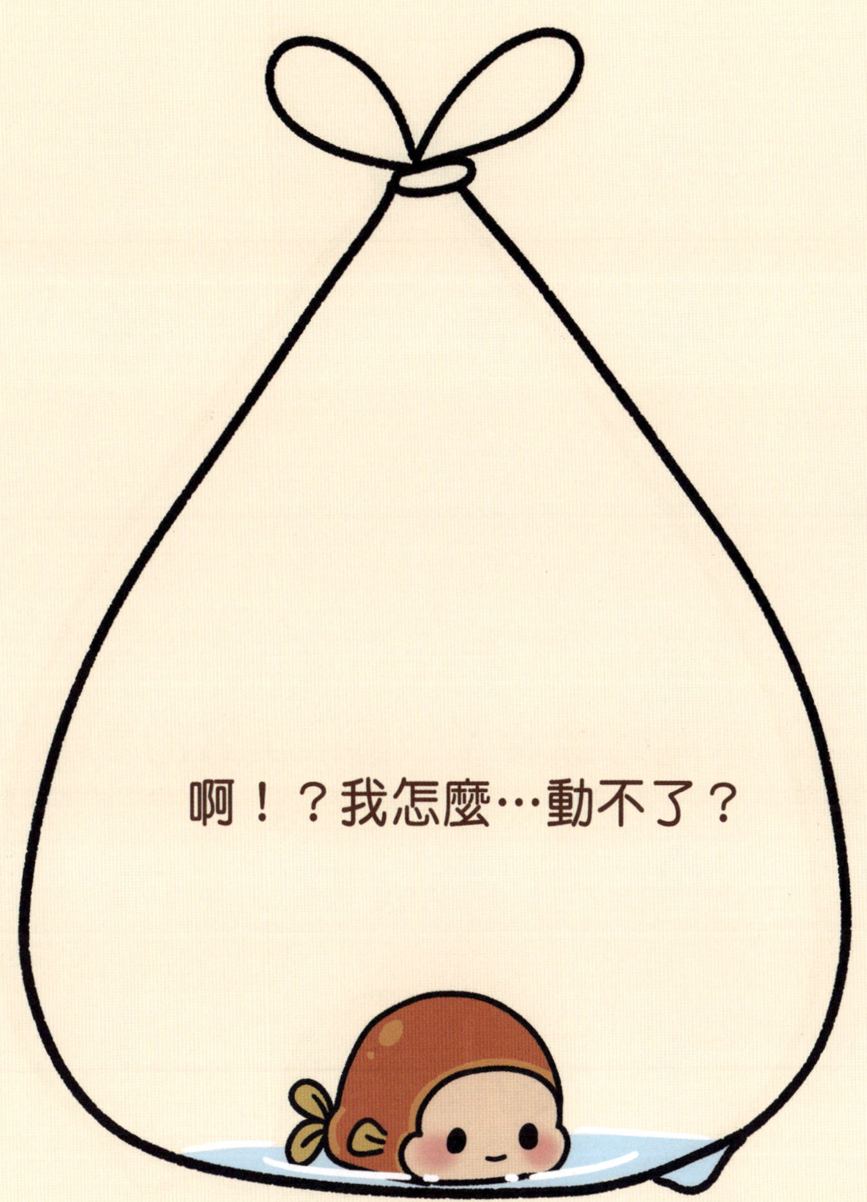
啊！？我怎麼…動不了？

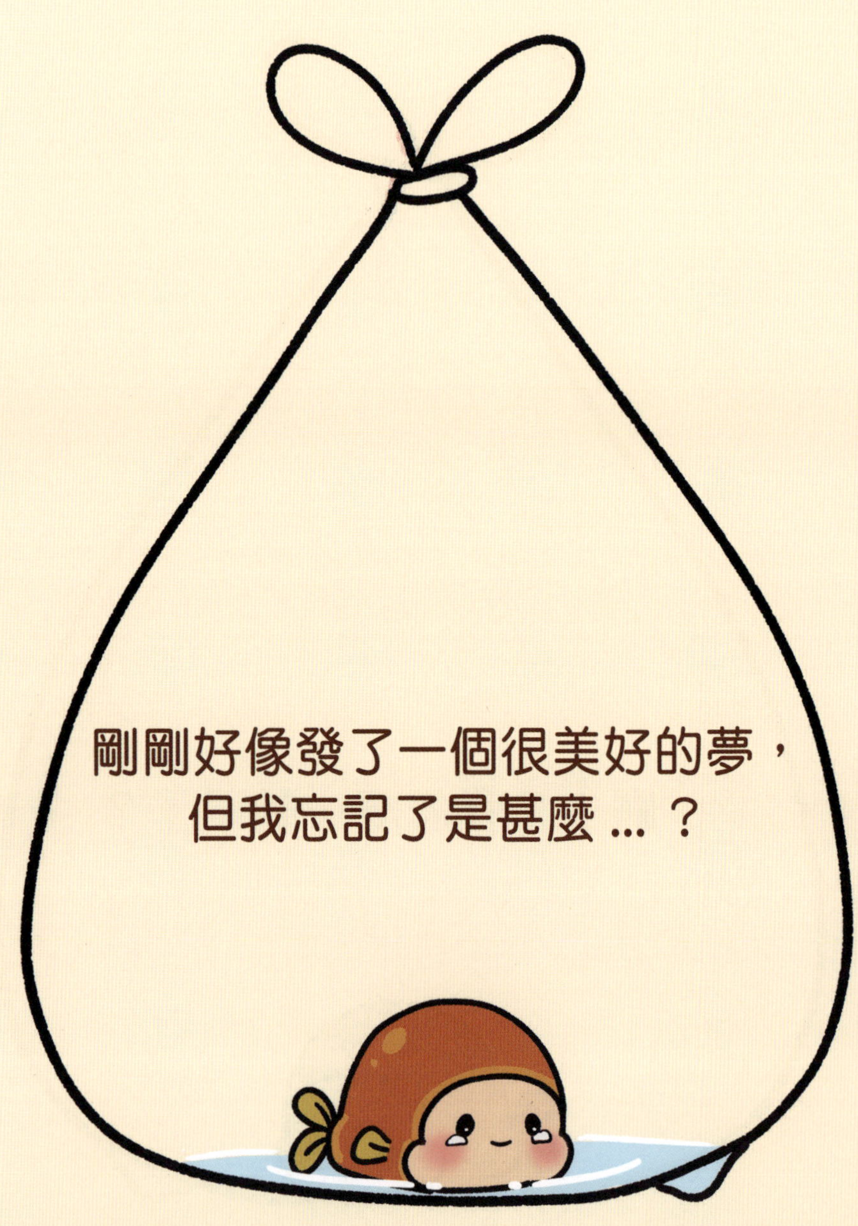
剛剛好像發了一個很美好的夢，
但我忘記了是甚麼 ... ？

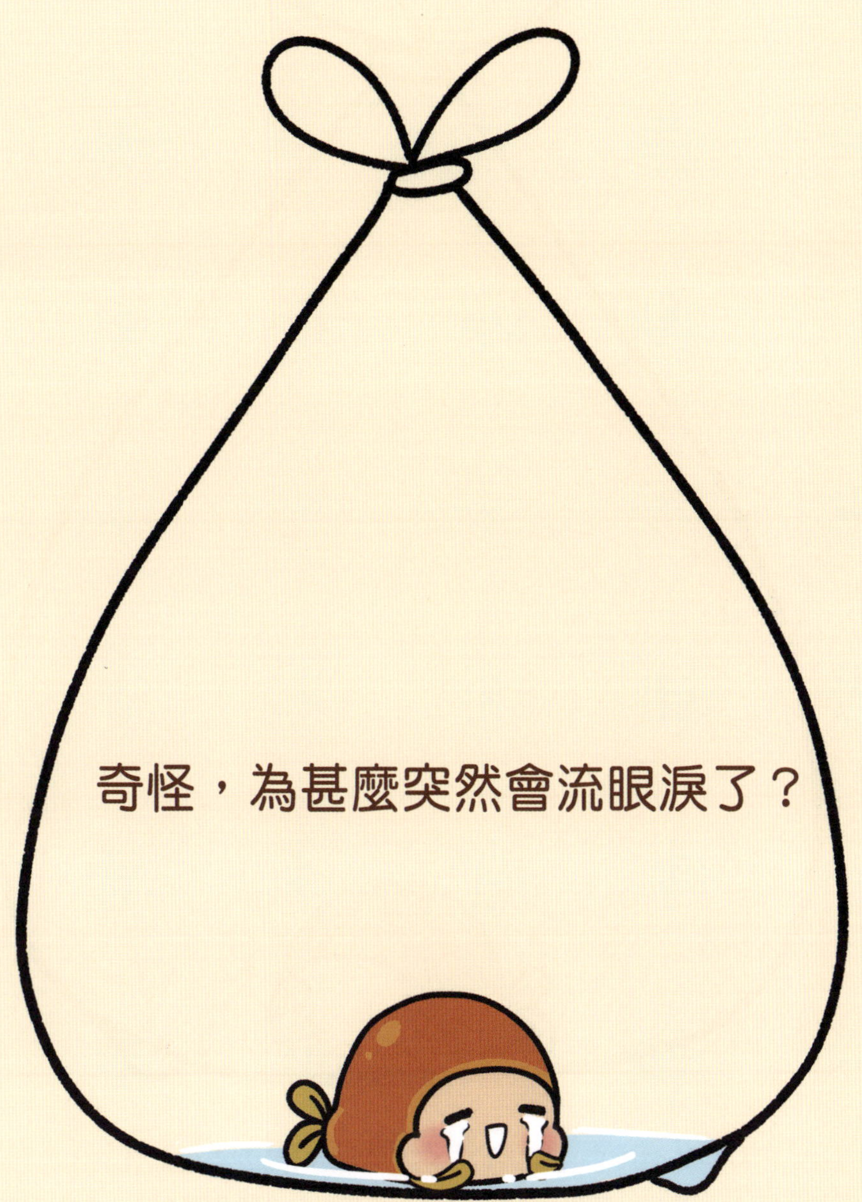
奇怪，為甚麼突然會流眼淚了？

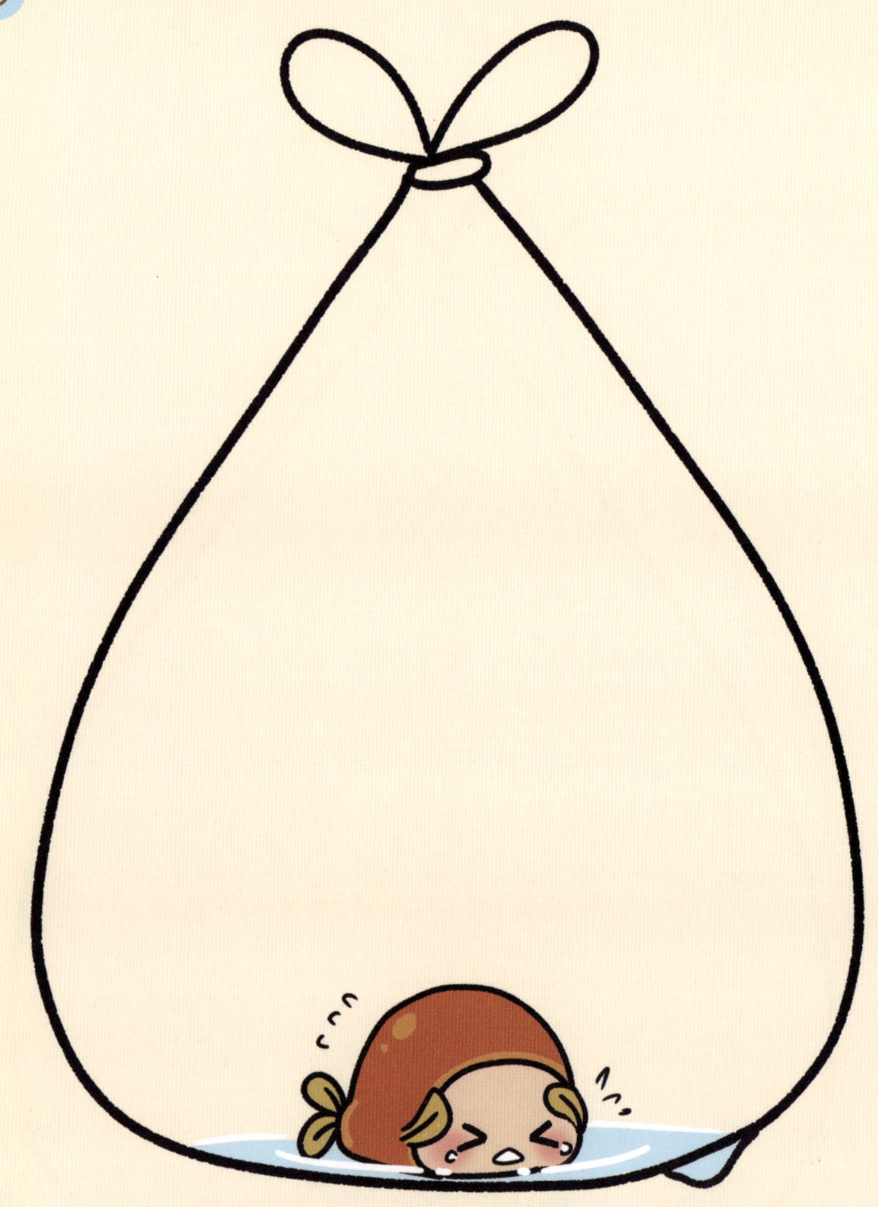

不…不對…不是夢，我…忘記了
一些很重要的…不…我不想…
不想忘記啊！

呵～欠～

我…好像要缺氧了…

你會忘記我嗎？

我不想忘記你們啊！

金魚街的小金魚
剩餘水量：1%

老闆，我想買這條金魚啊！

呀！對不起，但這條魚好像已死了…

沒關係啊！請賣給我吧！

你肯定嗎？

嗯！

嗯？這裏是甚麼地方？
死後的世界嗎？

哈囉！初次見面

嗚哇！
是…是…死神！

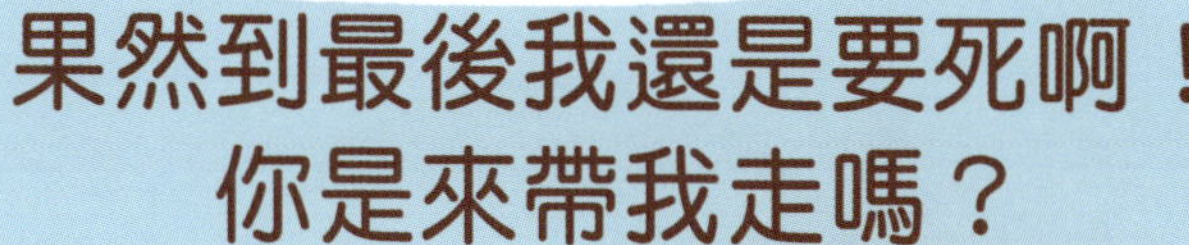
果然到最後我還是要死啊！
你是來帶我走嗎？

等等⋯你不是死神嗎？好可疑啊！
身為死神為甚麼要買金魚？

那個…不好意思…
是因為…我剛經過金魚街，
聽到你的心聲…

難得你終於可以找回
這些珍貴的記憶，
我希望你可以繼續
留住他們…

太好了！謝謝死神先生！
謝謝你願意收留我！
別客氣

那你現在最想做甚麼呢？

我知道這要求
可能有點過份，
但不知道死神先生
可否幫我找回
小金和爸爸媽媽呢？
我想好好地跟他們道別…

當然沒問題啦！
我是法力無邊的
死神先生啊！

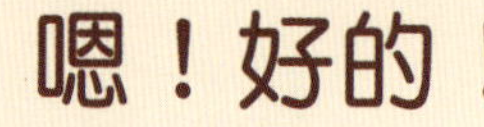

那我現在要施法
請你閉上眼睛
千萬不可以偷看啊！

嗯！好的！

跑跑跑～

真的千萬不要
開眼睛啊…
知道啦！

但死神先生啊
為甚麼你施法好像
施得這麼久？

哎呀，
還差一點點而已！

還差最後一步了
哎喲，死神先生
我可以開眼了嗎？
等好久啊…

魚…魚…魚仔
是你嗎？
嗯？死神先生
怎麼你聲線變了呢？

魚仔！真的是魚仔！
太好了！實在太好了！
真的太好太好太好了！
小…小金！

小…金…

嗯！

小金…我回來了！

那你以後就住在這裏吧！
我還有工作，要先走囉！

死神先生，你那麼快要走嗎？
我們會再見嗎？

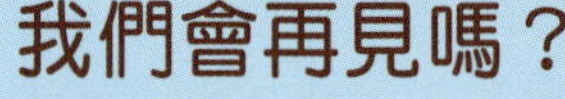

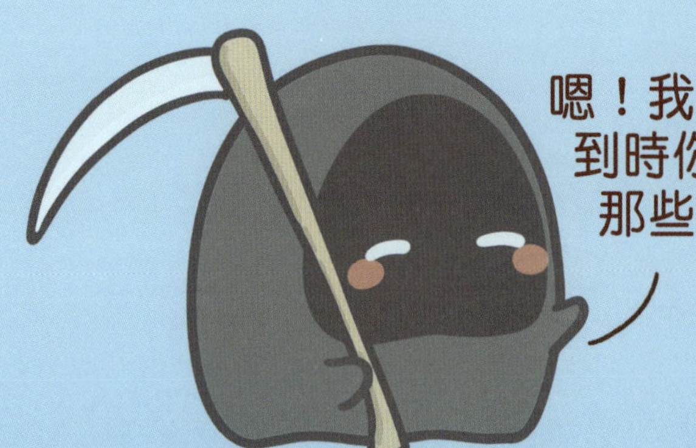

嗯！我們一定會再見的，
到時你要再跟我分享你
那些珍貴的回憶啊！

謝謝你，死神先生
再見了…

喔！忘記問死神先生
我的爸爸媽媽在哪裏呢？
沒關係，我和小金一起找吧！
魚仔你剛剛
一直自言自語
跟誰說話啊？

來吧，我帶你周圍看看，
這裏超大超舒適的！
嗯！好！

喔喔！看！
有東西吃！

小金，你看！這邊有心心
可以吃啊！

嗯！你肚子一定好餓了，
快點吃吧！

老婆，快來這邊吃點東西吧！
你已經好久沒吃飯啦⋯

我⋯真的好掛念魚仔啊⋯

全書完

「謝謝你看完這故事
即使記憶只有七秒
我也會好好記住你的」

繪著
波比

責任編輯
李穎宜

裝幀設計 / 排版
羅美齡

出版者
知出版社
香港北角英皇道 499 號北角工業大廈 20 樓
電話：2564 7511　　傳真：2565 5539
電郵：info@wanlibk.com
網址：http://www.wanlibk.com
http://www.facebook.com/wanlibk

發行者
香港聯合書刊物流有限公司
香港荃灣德士古道 220-248 號荃灣工業中心 16 樓
電話：2150 2100　　傳真：2407 3062
電郵：info@suplogistics.com.hk
網址：http://www.suplogistics.com.hk

承印者
中華商務彩色印刷有限公司
香港新界大埔汀麗路 36 號

出版日期
二〇二五年六月第一次印刷

規格
大 32 開（210 mm × 142 mm）

Published in Hong Kong, China by Cognizance Publishing,
a division of Wan Li Book Company Limited.
Printed in China.

ISBN 978-962-14-7625-8